THE
DIAMOND
SUTRA

THE DIAMOND SUTRA

가사체 금강경

Moovee & Cho

무비 · 조현춘 공역

UNJUSA

THE DIAMOND SUTRA

가사체 금강경

영어 금강경

조현춘 영역

최근에 Conze의 영어 금강경이 많이 유포되면서, Conze 의 오류가 조계종 표준본에 반영된 부분이 있습니다.

1장 ① 절 : Conze의 영어 금강경을 '언해본, 백용성본, 백 성욱본, 탄허본, 틱낫한본, 육성취라는 논리'에 근거하 여 수정합니다. 산스끄리뜨어는 설명이 복잡하고, 한 문 육성취 순서는 〈신문시주처중〉이고, 우리말 순서는 〈주중시처신문〉이며, 영어 순서는 〈시문주처중신〉입 니다.

9장 ⑪절과 ⑫절 : Conze의 영어 금강경을 '언해본, 백용성 본, 백성욱본, 탄허본, 틱낫한본, 산스끄리뜨어본, 논리 적 분석'에 근거하여 수정합니다.

전체 : Conze의 영어 금강경은 언어의 특성을 살리지 못했 습니다. 산스끄리뜨어는 명사중심 수동형 언어이고, 영어는 대명사중심 조동사중심 언어이며, 우리말은 명 사중심 동사중심 능동형 언어입니다.

가사체 금강경

무비·조현춘 공역

조계종 표준 금강경의 부족한 점을 보완하였습니다.

1) 조계종 한문 금강경을 '고려대장경과 돈황본'에 근거하여 140글자 이상을 수정하였습니다.

2) 다시 '유지본, 진제본, 급다본, 현장본, 의정본, 산스끄리뜨어 2본, 티베트어본, 몽골어본'에 근거하여, 1/10 정도를 수정보완하고,

3) 지금의 우리말 가사체로 번역·다듬었습니다.

9장 ②절, ④절, ⑥절 : 조계종 우리말 금강경을 '언해본, 백용성본, 백성욱본, 탄허본, 틱낫한본, 산스끄리뜨어본, 이에 따른 영어본, 독일어본, 프랑스어본, 논리적 분석'에 근거하여 수정합니다.

14장 ②~④절 : 언해본, 백용성본, 백성욱본, 탄허본, 조계종본으로 이어지는 우리말 금강경을 '산스끄리뜨어본, 이에 따른 영어본, 독일어본, 프랑스어본, 각묵본, 논리적 분석'에 근거하여 수정합니다.

별도의 책 :『가사체 금강경과 교감본 한문 금강경』
『가사체 금강경과 조계종 금강경』

THE DIAMOND SUTRA

1. The Convocation of the Assembly

①

One day, while staying at Jeta-Anathapin-dika park in Sravasti, I heard and saw what the Buddha did with 1250 bhikshus and a great company of bodhi-sattvas; It proceeded as follows.

②

Early in the morning, the Buddha put on his robe, took up his bowl, entered the city of Sravasti, and begged for food. After taking his meal, he returned to his retreat, put away his robe and bowl, washed his feet, sat down in the lotus position on the seat arranged for him, and focused his attention in front of him.

③

Then the monks approached the Buddha,

가사체 금강경

1장 법회가 열린 배경

①

부처님이 일천이백 오십명의 스님들과
많디많은 보살들과 어느날~ 사위국의
기원정사 계시면서 다음같이 하시는걸
제가직접 들었으며 제가직접 봤습니다.

②

부처님은 아침일찍 가사입고 발우들고
사위성에 들어가서 탁발하여 공양하고
기원정사 돌아와서 가사발우 거두시고
발을씻고 사자좌에 오르시어 가부좌로
반듯하게 앉으시어 마음챙기 셨습니다.

③

이때에~ 스님들이 부처님께 다가가서

bowed their heads to his feet, turned round him clockwise three times, and sat down aside.

2. Subhuti's Request

①

In the midst of the assembly, Venerable Subhuti stood up with his right shoulder bare, knelt on his right knee with his palms collected, and addressed the Buddha with high respect.

②

Wonderful, Buddha! It is quite wonderful! You always protect and teach bodhi-sattvas so well.

③

Buddha! How should a bodhi-pursuer vow, practice, and control his mind?

부처님의 양쪽발에 이마대어 예경하고
부처님을 세번돌고 모두앉으 셨습니다.

2장 수보리 장로님이 가르침을 청함

①

수보리~ 장로님이 자리에서 일어나서
오른어깨 드러내고 오른무릎 땅에꿇고
합장하고 부처님께 말씀드리 셨습니다.

②

거룩하신 부처님~ 정말대단 하십니다.
부처님은 보살들을 참으로잘 보살피고
보살들을 참으로잘 가르치고 계십니다.

③

거룩하신 부처님~ 거룩하신 부처님~
보살의길 가려하는 선남자와 선여인은
어떻게~ 발원하고 어떻게~ 수행하며

④

Right, Subhuti! You are absolutely right!
As you said, I always protect and teach
bodhi-sattvas so well.

⑤

Subhuti! Listen to me. I will tell you how a
bodhi-pursuer should vow, practice, and
control his mind.

⑥

Buddha! We will listen to you, We will lis-
ten to you closely.

어떻게~ 자기마음 다스려야 하옵니까?

④

수보리~ 장로님~ 수보리~ 장로님~

참으로~ 옳습니다 장로님의 말씀대로

여래는~ 보살들을 참으로잘 보살피고

보살들을 참으로잘 가르치고 있습니다.

⑤

수보리~ 장로님~ 말씀드리 겠습니다.

보살의길 가려하는 선남자와 선여인은

어떻게~ 발원하고 어떻게~ 수행하며

어떻게~ 자기마음 다스려야 하는지를

장로님을 위하여서 말씀드리 겠습니다.

⑥

거룩하신 부처님~ 말씀하여 주십시오.

저희들을 위하여서 말씀하여 주십시오.

3. The Essence of Maha-yana

①

Subhuti! A bodhi-pursuer should vow the following: 'I will lead all sattvas — egg-born, womb-born, moisture-born, or transformation-born; with form or without form; with thought, without thought, or neither with thought nor without thought — to Nirvana of perfect happiness and no pain.'

②

Thereafter he should lead innumerable sattvas to Nirvana, and should be free from the thought (that) 'I have led sattvas to Nirvana.'

①

수보리~ 장로님~ 수보리~ 장로님~

보살의길 가려하는 선남자와 선여인은

'일체중생 열반으로 내가모두 제도한다'

'알로생긴 중생이나 태로생긴 중생이나

습기에서 생긴중생 변화하여 생긴중생

형상있는 중생이나 형상없는 중생이나

생각있는 중생이나 생각없는 중생이나

생각이~ 있다없다 할수없는 중생들을

고통없고 행복가득 무여열반 이르도록

한중생도 빠짐없이 내가모두 제도한다'

이와같은 큰발원을 해야하는 것입니다.

②

이리하여 무량중생 열반으로 제도하되

중생제도 하였다고 생각하면 안됩니다.

③

Subhuti! A bodhi-sattva, who thinks (that) 'I have led sattvas to Nirvana', can't be said to be a true bodhi-sattva.

④

Subhuti! A bodhi-sattva, who thinks ego-centrically· human-centrically· sattva-centrically· life-centrically, can't be said to be a true bodhi-sattva.

4. Free from the Donation

①

Subhuti! A bodhi-sattva should donate without being bound up with anything.

②

A bodhi-sattva should donate without being bound up with sights· sounds· smells· tastes· touches· dharmas.

③
수보리~ 장로님~ 수보리~ 장로님~
중생제도 하였다고 생각하는 보살들은
참~된~ 보살이라 말할수가 없습니다.

④
수보리~ 장로님~ 자기중심 인간중심
중생중심 생명중심 생각하는 보살들은
참~된~ 보살이라 말할수가 없습니다.

4장 걸림없는 보시
①
수보리~ 장로님~ 보살들은 어디에도
안걸리는 보시행을 해야하는 것입니다.

②
형상소리 냄새맛촉 현상들~ 어디에도
안걸리는 보시행을 해야하는 것입니다.

③

Subhuti! To be a true bodhi-sattva, one should donate and should be free from the thought (that) 'I have donated.'

④

The virtue of the bodhi-sattva, who donates and is free from the thought (that) 'I have donated', is immeasurable.

⑤

Subhuti! What do you think? Can you measure the space in the east?

⑥

No indeed, Buddha!

⑦

Subhuti! Can you measure the spaces in the south· west· north, northeast· southeast· southwest· northwest, and in the down· up?

③

수보리~ 장로님~ 참~된~ 보살들은
보시하되 보시했다 생각하지 않습니다.

④

보시하되 보시했다 생각하지 아니하는
보살들이 짓는복은 한량없이 많습니다.

⑤

수보리~ 장로님~ 어찌생각 하십니까?
동방허공 크기를~ 상상할수 있습니까?

⑥

아닙니다 부처님~ 상상하지 못합니다.

⑦

수보리~ 장로님~ 수보리~ 장로님~
서남북방 동남동북 서남서북 아래위~
허공들의 크기를~ 상상할수 있습니까?

⑧

No indeed, Buddha!

⑨

Subhuti! The virtue of the bodhi-sattva, who donates and is free from the thought (that) 'I have donated', is also immeasurable.

⑩

Subhuti! To be a true bodhi-sattva, one should donate and should be free from the thought (that) 'I have donated.'

5. The Supernatural Characteristics and Buddha

①

Subhuti! What do you think? Does it make one a Buddha that he has acquired all the supernatural characteristics?

②

No indeed, Buddha! It does not necessarily make him a Buddha that he has acquired

⑧
아닙니다 부처님~ 상상하지 못합니다.

⑨
수보리~ 장로님~ 수보리~ 장로님~
보시하되 보시했다 생각하지 아니하는
보살들이 짓는복도 상상할수 없습니다.

⑩
수보리~ 장로님~ 참~된~ 보살들은
보시하되 보시했다 생각하지 않습니다.

5장 부처님 모습 바로 보기
①
수보리~ 장로님~ 어찌생각 하십니까?
부처님의 거룩한~ 상호들을 다갖추면
부처라고 말할수가 있다생각 하십니까?

②
아닙니다 부처님~ 부처상호 갖췄다고

all the supernatural characteristics.

③

One should acquire them and should be free from the thought (that) 'I have acquired all the supernatural characteristics.'

④

Subhuti! One, who thinks (that) 'I have acquired all the supernatural characteristics', can be said to have not truly acquired them.

To have truly acquired them, one should acquire them and should be free from the thought (that) 'I have acquired all the supernatural characteristics.'

To be a true Buddha, one should acquire them and should be free from the thought (that) 'I have acquired all the supernatural characteristics.'

반드시~ 부처라고 말할수는 없습니다.
③
갖추어도 갖추었다 생각하면 안됩니다.
④
수보리~ 장로님~ 갖추었다 생각하면
제대로~ 갖추었다 말할수가 없습니다.

부처상호 갖추고도 갖추었다 아니해야
참으로~ 갖추었다 말할수가 있습니다.

부처상호 갖추고도 갖추었다 아니해야
참~된~ 부처라고 말할수가 있습니다.

6. Immeasurable Virtue of Truthful Belief

①

Buddha! Will there be any sattvas who believe in the Sutra in the future?

②

Subhuti! Do not speak like this! Those, who are wise enough to keep precepts and to cultivate virtue in the 500 years after the Tathagata's passing away, will believe in the Sutra.

③

Those, who sow many seeds of virtue during the era of not only one Buddha but also hundreds of thousands of millions of Buddhas, will believe in the Sutra.

④

Subhuti! I know and see all of them; Their virtue will be immeasurable.

6장 바른 믿음의 무량 복덕

①

거룩하신 부처님~ 거룩하신 부처님~
미래에도 이법문을 믿을중생 있습니까?

②

수보리~ 장로님~ 그런말씀 마십시오.
여래가~ 열반한후 오백년이 지나가도
계지키고 복을짓는 지혜로운 사람들은
이법문을 참되다며 깊이믿을 것입니다.

③

한부처님 앞에서만 선근심지 아니하고
백천만의 부처님들 앞에서도 선근심은
사람들은 이법문을 깊이믿을 것입니다.

④

수보리~ 장로님~ 수보리~ 장로님~
여래는~ 모두알고 모두보고 있습니다.

⑤

They will not think ego-centrically· hu-
man-centrically· sattva-centrically· life-cen-
trically.

⑥

They will not think dharma-centrically and
will be free from the thought (that) 'I do
not think dharma-centrically.'

⑦

One, who thinks dharma-centrically, can be
said to think ego-centrically· human-cen-
trically· sattva-centrically· life-centrically.
One, who thinks (that) 'I do not think dhar-
ma-centrically', can be also said to think
ego-centrically· human-centrically· sat-
tva-centrically· life-centrically.

⑧

To be a true bodhi-sattva, one should not
think dharma-centrically and should be
free from the thought (that) 'I do not think
dharma-centrically.'

이런사람 짓는복은 한량없이 많습니다.

⑤

이런사람 자기중심 인간중심 중생중심
생명중심 생각들을 하지않을 것입니다.

⑥

이런사람 법중심~ 생각하지 아니하고,
생각하지 않는다는 생각조차 않습니다.

⑦

법중심~ 생각해도 자기중심 인간중심
중생중심 생명중심 생각하는 것입니다.
법중심~ 생각하지 아니한다 생각해도
자기중심 인간중심 중생중심 생명중심
생각하는 것이라고 말할수가 있습니다.

⑧

보살들은 법중심~ 생각하지 아니하고
생각하지 않는다는 생각조차 않습니다.

My teaching should be likened to a raft. You should not think dharma-centrically and should be free from the thought (that) 'I do not think dharma-centrically.'

7. Free from the Attaining or **the Preaching**

①

Subhuti! What do you think? Do I think (that) 'I have attained the Utmost Right Enlightenment', or (that) 'I preached the Dharma'?

②

Buddha! To my understanding, you are free from the thought (that) 'I have attained the Utmost Right Enlightenment' or (that) 'I preached the Dharma.'

여래말을 뗏목같이 여기도록 하십시오.

법중심~ 생각에도 걸리지~ 아니하고

걸리지~ 않는다는 생각도~ 마십시오.

7장 깨달음이나 설법에 걸리지 않음
①

수보리~ 장로님~ 어찌생각 하십니까?

'최고바른 깨달음을 온전하게 이루었다'

여래가~ 이런생각 한다할수 있습니까?

'부처님의 거룩한법 널리널리 전하였다'

여래가~ 이런생각 한다할수 있습니까?

②

거룩하신 부처님~ 거룩하신 부처님~

제가지금 부처님의 말씀이해 하기로는

'최고바른 깨달음을 온전하게 이루었다'

③

A Tathagata is free from the thought (that) 'I have attained the Utmost Right Enlightenment' or (that) 'I preached the Dharma.'

④

A Tathagata is not bound up with the Dharma and is free from the thought (that) 'I am not bound up with the Dharma.'

⑤

To be a truly holy man, one should be free from the thought (that) 'I have done something.'

8. The Sutra and the Enlightenment

①

Subhuti! What do you think? Does it make one cultivate great virtue that he donates the most valuable treasures equal to one

부처님은 그런생각 하시지~ 않습니다.
'부처님의 거룩한법 널리널리 전하였다'
부처님은 그런생각 하시지~ 않습니다.
③
이루었다 생각도~ 부처님은 않으시고
전하였다 생각도~ 부처님은 않습니다.
④
부처님은 법에도~ 걸리지~ 않으시고
걸리지~ 않는다는 생각도~ 않습니다.
⑤
내자신은 하였다는 생각에서 벗어나야
참~된~ 성현이라 말할수가 있습니다.

8장 금강경과 깨달음
①
수보리~ 장로님~ 어찌생각 하십니까?
삼천대천 세계만큼 금은보화 보시하는

billion worlds?

②

Great virtue indeed, Buddha! But to truly cultivate great virtue, one should cultivate it and should be free from the thought (that) 'I have cultivated virtue.'

③

Subhuti! The virtue of one, who accepts just one four-line stanza in the Sutra and preaches it to others, is great; Far greater than the former.

④

Subhuti! The Utmost Right Enlightenment of all Buddhas comes from the Sutra.

⑤

Subhuti! To truly realize the Buddha-Dharma, one should realize it and should be free from the thought (that) 'I have realized

사람들이 짓게되는 복덕들은 많습니까?

②

많습니다 부처님~ 그렇지만 말씀하신
많은복을 짓고서도 지었다고 아니해야
참으로~ 지었다고 말할수가 있습니다.

③

수보리~ 장로님~ 이법문의 사구게를
하나라도 받아지녀 널리널리 전해주는
사람들이 짓는복이 훨씬더~ 많습니다.

④

수보리~ 장로님~ 수보리~ 장로님~
일체모든 부처님의 최고바른 깨달음은
이경에서 나왔다고 말할수가 있습니다.

⑤

수보리~ 장로님~ 부처님의 바른법을
깨닫고도 깨달았다 생각하지 아니해야

the Buddha-Dharma.'

9. Free from the Positions of Holy Man

①

Subhuti! What do you think? Does a stream-winner(srotapatti) think (that) 'I have acquired the position of stream-winner'?

②

No indeed, Buddha! To be a true stream-winner who has won the secular stream, one should acquire the position of stream-winner and should be free from the thought (that) 'I have acquired the position of stream-winner.' To be a true stream-winner, one should be free from the thought (that) 'I have won sights· sounds· smells· tastes· touches· dharmas.'

참으로~ 깨달았다 말할수가 있습니다.

9장 지위에 걸리지 않음

①

수보리~ 장로님~ 어찌생각 하십니까?
'나는이제 수다원을 온전하게 이루었다'
수다원이 이런생각 한다할수 있습니까?

②

아닙니다 부처님~ 그리생각 않습니다.
세상흐름 뛰어넘은 수다원을 이루고도
수다원을 이루었다 생각하지 아니해야
참으로~ 이루었다 말할수가 있습니다.
형상소리 냄새맛촉 현상들을 빠짐없이
모두뛰어 넘었다고 생각하지 아니해야
수다원을 이루었다 말할수가 있습니다.

③

Subhuti! What do you think? Does a once-returner(sakridagamin) think (that) 'I have acquired the position of once-returner'?

④

No indeed, Buddha! To be a true once-returner who will return to this world just one more time, one should acquire the position of once-returner and should be free from the thought (that) 'I have acquired the position of once-returner.'

⑤

Subhuti! What do you think? Does a never-returner(anagamin) think (that) 'I have acquired the position of never-returner'?

⑥

No indeed, Buddha! To be a true never-returner who will not return to this world anymore, one should acquire the position

③

수보리~ 장로님~ 어찌생각 하십니까?
'나는이제 사다함을 온전하게 이루었다'
사다함이 이런생각 한다할수 있습니까?

④

아닙니다 부처님~ 그리생각 않습니다.
세상으로 한번만올 사다함을 이루고도
사다함을 이루었다 생각하지 아니해야
참으로~ 이루었다 말할수가 있습니다.

⑤

수보리~ 장로님~ 어찌생각 하십니까?
'나는이제 아나함을 온전하게 이루었다'
아나함이 이런생각 한다할수 있습니까?

⑥

아닙니다 부처님~ 그리생각 않습니다.
세상으로 안돌아올 아나함을 이루고도

of never-returner and should be free from the thought (that) 'I have acquired the position of never-returner.'

⑦

Subhuti! What do you think? Does a freedom-attainer(arhat) think (that) 'I have acquired the position of freedom-attainer'?

⑧

No indeed, Buddha! To be a true freedom-attainer, one should be free from the thought (that) 'I have acquired the position of freedom-attainer.'

⑨

Buddha! One, who thinks (that) 'I have acquired the position of freedom-attainer', can be said to be bound up with ego-centric· human-centric· sattva-centric· life-centric thoughts.

⑩

Buddha! You declared to me "Subhuti! You

아나함을 이루었다 생각하지 아니해야
참으로~ 이루었다 말할수가 있습니다.
⑦

수보리~ 장로님~ 어찌생각 하십니까?
'나는이제 아라한을 온전하게 이루었다'
아라한이 이런생각 한다할수 있습니까?
⑧

아닙니다 부처님~ 그런생각 아니해야
참으로~ 이루었다 말할수가 있습니다.
⑨

거룩하신 부처님~ 거룩하신 부처님~
아라한을 이루었다 생각하는 아라한은
자기중심 인간중심 중생중심 생명중심
생각들에 걸려있다 말할수가 있습니다.
⑩

거룩하신 부처님~ 거룩하신 부처님~

are a peacefully living freedom-attainer who is free from any desire." But I did not think (that) 'I have acquired the position of freedom-attainer who is free from any desire.'

⑪

Buddha! You would not have declared to me "Subhuti! You are a peacefully living freedom-attainer" if I had thought (that) 'I have acquired the position of freedom-attainer.'

⑫

You declared to me "Subhuti! You are a peacefully living freedom-attainer" because I did not think (that) 'I have acquired the position of freedom-attainer.'

"참으로~ 평화롭게 살고있는 아라한~"
"탐욕에서 벗어나서 자유로운 아라한~"
부처님은 저를보고 그리말씀 하셨으나
'탐욕에서 벗어나서 아라한을 이루었다'
제자신은 그러한~ 생각아니 했습니다.

⑪

거룩하신 부처님~ 거룩하신 부처님~
아라한을 이루었다 제가생각 했더라면
"참으로~ 평화롭게 살고있는 아라한~"
부처님이 제게말씀 않으셨을 것입니다.

⑫

아라한을 이루었다 제가생각 않았기에
"참으로~ 평화롭게 살고있는 아라한~"
부처님이 제게말씀 하시었던 것입니다.

10. Adorning the World

①

Subhuti! What do you think? Did I think (that) 'I shall attain the Utmost Right Enlightenment in the next life' when I was with Buddha Dipankara?

②

No indeed, Buddha! You did not think (that) 'I shall attain the Utmost Right Enlightenment in the next life' when you were with Buddha Dipankara.

③

Subhuti! A bodhi-sattva, who says (that) I think (that) 'I have adorned the world', can't be said to tell the truth.

10장 불국토 장엄

①

수보리~ 장로님~ 어찌생각 하십니까?

과거연등 부처님을 모시고~ 있을때에

'다음생에 최고바른 깨달음을 이룰거라'

여래가~ 생각했다 말할수가 있습니까?

②

아닙니다 부처님~ 그리생각 않습니다.

과거연등 부처님을 모시고~ 계실때에

'다음생에 최고바른 깨달음을 이룰거라'

부처님은 그렇게~ 생각않으 셨습니다.

③

수보리~ 장로님~ '불국토를 장엄했다'

여래가~ 이런생각 한다하는 보살들은

바른말을 하고있다 말할수가 없습니다.

④

To truly adorn the world, one should adorn it and should be free from the thought (that) 'I have adorned the world.'

⑤

Subhuti! A bodhi-sattva should develop a pure and lucid mind. A bodhi-sattva should develop a pure and lucid mind neither being bound up with sights· sounds· smells· tastes· touches· dharmas nor with anything.

⑥

Subhuti! What do you think, does it make one great that he has acquired a body as great as Mountain Sumeru?

⑦

Buddha! He can be seen very great. But to be truly great, he should be free from the thought (that) 'I am great.'

④

불국토를 장엄하되 장엄했다 아니해야

참으로~ 장엄했다 말할수가 있습니다.

⑤

수보리~ 장로님~ 일체모든 보살들은

깨끗하고 맑은마음 청정심을 갖습니다.

형상소리 냄새맛촉 현상들에 안걸리며

어디에도 안걸리는 청정심을 갖습니다.

⑥

수보리~ 장로님~ 수보리~ 장 로 님 ~

수미산과 같은사람 어찌생각 하십니까?

존귀하다 말할수가 있다생각 하십니까?

⑦

거룩하신 부처님~ 거룩하신 부처님~

매우매우 존귀하게 보일수도 있지마는

스스로~ 존귀하다 생각하지 아니해야

11. Free from The Virtue

①

Subhuti! What do you think? Are the grains of sand along those Ganga rivers many if there are as many Ganga rivers as there are grains of sand along the Ganga?

②

Many indeed, Buddha! The grains of sand along the Ganga are innumerable; Much more so the grains of sand along those Ganga rivers.

③

Subhuti! I'll tell you the truth. Does it make one cultivate great virtue that he donates the most valuable treasures equal to as many worlds as there are grains of sand

참으로~ 존귀하다 말할수가 있습니다.

11장 무위의 큰 복덕

①

수보리~ 장로님~ 어찌생각 하십니까?

강가강에 있는모든 모래알과 같은수의

강가강의 모래수는 많다할수 있습니까?

②

많습니다 부처님~ 매우매우 많습니다.

강가강의 모래알도 셀수없이 많은데~

그만큼의 강가강에 있는모든 모래수는

상상조차 못할만큼 매우매우 많습니다.

③

수보리~ 장로님~ 진실말씀 드립니다.

그모든~ 강가강의 모래알과 같은수의

세계들을 채울만큼 금은보화 보시하는

along those Ganga rivers?

④

Great virtue indeed, Buddha!

⑤

Subhuti! The virtue of one, who accepts and preaches just one four-line stanza in the Sutra to others, is great; Far greater than the former.

12. Revering the Sutra

①

Subhuti! Gods· humans· and asuras of all realms will donate to the place like a shrine of Buddha wherever just one four-line stanza in the Sutra is preached.

②

There is no need to speak of one who accepts, recites, and preaches the Sutra in its

선남자와 선여인이 짓는복은 많습니까?

④

많습니다 부처님~ 매우매우 많습니다.

⑤

수보리~ 장로님~ 수보리~ 장로님~

이법문의 사구게를 하나라도 받아지녀

널리널리 전해주는 선남자와 선여인이

짓는복이 그보다도 훨씬더~ 많습니다.

12장 금강경 존중

①

수보리~ 장로님~ 수보리~ 장로님~

이법문의 사구게를 하나라도 전해주면

온세상의 하느님과 사람들과 아수라가

부처님의 탑에하듯 공양올릴 것입니다.

②

하물며~ 이법문을 받아지녀 독송하며

entirety to others.

③

Subhuti! His virtue will be immeasurable.

④

There will be Buddhas and their excellent disciples wherever the Sutra is preached.

13. How to Retain the Sutra

①

Buddha! What should we call the Sutra? How should we retain it?

②

Subhuti! You should call the Sutra 'the Diamond Prajna Paramita Sutra' and retain it as follows.

전해주며 짓는복은 상상조차 못합니다.

③

수보리~ 장로님~ 수보리~ 장로님~

이사람이 짓는복은 참으로~ 많습니다.

④

이법문이 전해지고 있는곳은 어디에나

부처님과 제자들이 항상함께 계십니다.

13장 금강경을 받아 지니는 법

①

거룩하신 부처님~ 이경이름 무엇이며

어떻게~ 받들어~ 지니어야 하옵니까?

②

수보리~ 장로님~ 수보리~ 장로님~

이경이름 금강반야 바라밀경 이라하며

다음같이 받들어~ 지니어야 하옵니다.

③

Subhuti! To truly observe the Prajna Paramita, one should observe it and should be free from the thought (that) 'I have observed the Prajna Paramita.'

④

Subhuti! What do you think? Do I think (that) 'I preached the Dharma'?

⑤

No indeed, Buddha! You are free from the thought (that) 'I preached the Dharma.'

⑥

Subhuti! What do you think? Are the particles of dust composing one billion worlds many?

⑦

Many indeed, Buddha! But to truly see the

③

수보리~ 장로님~ 금강반야 바라밀을
수행하되 수행했다 생각하지 아니해야
참으로~ 수행했다 말할수가 있습니다.

④

수보리~ 장로님~ 어찌생각 하십니까?
'부처님의 거룩한법 널리널리 전하였다'
여래가~ 이런생각 한다할수 있습니까?

⑤

아닙니다 부처님~ 그리생각 않습니다.
부처님은 그런생각 하시지~ 않습니다.

⑥

수보리~ 장로님~ 어찌생각 하십니까?
삼천대천 세계이룬 티끌들은 많습니까?

⑦

많습니다 부처님~ 그렇지만 말씀하신

particles, one should see them and should not think (that) 'The particles are real.'

⑧

To truly see the worlds, one should see them and should not think (that) 'The worlds are real.'

⑨

Subhuti! What do you think? Does it make one a Buddha that he has acquired all the 32 characteristics?

⑩

No indeed, Buddha! It does not necessarily make him a Buddha.

⑪

To truly acquire all the 32 characteristics, one should acquire them and should be free from the thought (that) 'I have ac-

많은티끌 보면서도 실체라고 아니봐야

참으로~ 본다고~ 말할수가 있습니다.

⑧

세계들을 보면서도 실체라고 아니봐야

참으로~ 본다고~ 말할수가 있습니다.

⑨

수보리~ 장로님~ 어찌생각 하십니까?

서른둘의 거룩한~ 상호들을 다갖추면

부처라고 말할수가 있다생각 하십니까?

⑩

아닙니다 부처님~ 그리생각 않습니다.

서른둘의 거룩한~ 상호들을 갖췄다고

반드시~ 부처라고 말할수는 없습니다.

⑪

서른둘의 거룩한~ 상호들을 갖추어도

상호들을 갖추었다 생각하지 아니해야

quired all the 32 characteristics.'

⑫

Subhuti! The virtue of one, who accepts and preaches just one four-line stanza in the Sutra to others, is great; Far greater than the virtue of one who donates his own body as many times as there are grains of sand along the Ganga.

14. Tranquil Serenity Free from Anything

①

On the impact of the Dharma, Subhuti moved to tears and addressed the Buddha.

②

Wonderful, Buddha! It is quite wonderful. You preached the exceedingly profound and sacred Dharma.

③

My wisdom eye was opened by your preaching!

참으로~ 갖추었다 말할수가 있습니다.
⑫
수보리~ 장로님~ 강가강의 모래만큼
여러차례 자기몸을 보시하는 복보다도
이법문의 사구게를 하나라도 받아지녀
전해주며 짓는복이 훨씬더~ 많습니다.

14장 분별에서 벗어난 적멸
①
부처님의 법문듣고 감격눈물 흘리면서
수보리~ 장로님이 말씀드리 셨습니다.
②
거룩하신 부처님~ 정말대단 하십니다.
부처님은 심오한법 설해주시 었습니다.
③
부처님의 법문듣고 지혜의눈 떴습니다.

④

Never have I heard such a preaching on the Dharma before.

⑤

Buddha! The virtue of one, who understands the Sutra, is quite wonderful.

⑥

Buddha! To truly understand the Sutra, one should understand it and should be free from the thought (that) 'I understand the Sutra.'

⑦

Buddha! It is not difficult for me to accept the Sutra. However, the virtue of those, who accept, recite, and preach the Sutra to others in the 500 years after the Tathagata's passing away, is quite wonderful.

④
이런법문 단한번도 들어본적 없습니다.

⑤
거룩하신 부처님~ 이법문을 이해하는
사람들이 짓는복은 참으로~ 많습니다.

⑥
거룩하신 부처님~ 거룩하신 부처님~
이법문을 이해하되 이해했다 아니해야
참으로~ 이해했다 말할수가 있습니다.

⑦
거룩하신 부처님~ 제가지금 이법문을
이해하고 지니는건 어렵지가 않지마는
후오백년 이법문을 이해하고 받아지녀
독송하고 널리널리 설법하여 전해주는
사람들이 짓는복은 참으로~ 많습니다.

⑧

They will not think ego-centrically· human-centrically· sattva-centrically· life-centrically.

⑨

Seeing egocentric· human-centric· sattva-centric· life-centric thoughts, they will not think (that) 'The thoughts are real.'

⑩

They will be free from any thoughts and be a Buddha.

⑪

Subhuti! Right, You are absolutely right. The virtue of those, who are not frightened, nor alarmed, nor terrified on listening to the Sutra, is quite wonderful.

⑫

Subhuti! To truly observe the Paramita very well, one should observe it very well and should be free from the thought (that) 'I

⑧

이러한~ 사람들은 자기중심 인간중심
중생중심 생명중심 생각않을 것입니다.

⑨

이러한~ 사람들은 자기중심 인간중심
중생중심 생명중심 생각들을 보면서도
실체라고 생각하지 아니할~ 것입니다.

⑩

모든생각 벗어나서 부처가될 것입니다.

⑪

수보리~ 장로님~ 참으로~ 옳습니다.
이경듣고 놀라거나 두려워~ 하지않는
사람들이 짓는복은 참으로~ 많습니다.

⑫

수보리~ 장로님~ 바라밀을 매우잘~
수행하되 수행했다 생각하지 아니해야

have observed the Paramita.'

⑬

Subhuti! One should observe the Patience Paramita and should be free from the thought (that) 'I have observed the Patience Paramita.'

⑭

Subhuti! I did not think ego-centrically· human-centrically· sattva-centrically· life-centrically when my body was mutilated into pieces by King Kalinga.

⑮

I would have hated him or become angry if I had thought ego-centrically· human-centrically· sattva-centrically· life-centrically when my body was mutilated into pieces.

⑯

Subhuti! I did not think ego-centrically· human-centrically· sattva-centrically· life-centrically during the past 500 mortal lives

참으로~ 수행했다 말할수가 있습니다.

⑬

수보리~ 장로님~ 인욕수행 하면서도
인욕수행 하였다고 생각하면 안됩니다.

⑭

수보리~ 장로님~ 수보리~ 장 로 님 ~
가리왕이 여래몸을 베고찢고 할때에~
그때에도 여래는~ 자기중심 인간중심
중생중심 생명중심 생각아니 했습니다.

⑮

여래몸이 마디마디 베이고~ 찢길때에
그때에~ 여래가~ 자기중심 인간중심
중생중심 생명중심 생각들을 했더라면
여래도~ 성을내고 원망했을 것입니다.

⑯

수보리~ 장로님~ 수보리~ 장로님~

when I was practicing the Patience Parami-
ta.

⑰

Subhuti! A bodhi-sattva should develop a
mind of attaining the Utmost Right Enlight-
enment and should develop a mind that is
not bound up with any thought.

⑱

A bodhi-sattva should develop a mind
that is not bound up with sights· sounds·
smells· tastes· touches· dharmas.

⑲

A bodhi-sattva should develop a mind that
is not bound up with anything.

⑳

A bodhi-sattva should donate without be-
ing bound up with sights· sounds· smells·
tastes· touches· dharmas.

인욕수행 하고있던 오백생애 동안에~
그때에도 여래는~ 자기중심 인간중심
중생중심 생명중심 생각아니 했습니다.
⑰
수보리~ 장로님~ 온갖생각 벗어나서
최고바른 깨달음을 온전하게 이루려는
큰마음을 보살들은 내야하는 것입니다.
⑱
형상소리 냄새맛촉 현상들에 안걸리는
큰마음을 보살들은 내야하는 것입니다.
⑲
어디에도 안걸리는 큰마음을 내야하며
아주작은 걸림에도 걸리면~ 안됩니다.
⑳
보살들은 형상소리 냄새맛촉 현상들에
안걸리는 보시행을 해야하는 것입니다.

㉑

Subhuti! A bodhi-sattva should donate for the happiness of all sattvas.

㉒

A bodhi-sattva should donate and should be free from the thought (that) 'I have donated' or (that) 'I have done for all sattvas.'

㉓

Subhuti! I say only what is true, what is factual, and what is as it is. I neither say what is deceitful, nor what is false.

㉔

Subhuti! I realize the Buddha-Dharma, am free from the thought (that) 'I have realized the Buddha-Dharma', and also free from the thought (that) 'I am free.'

㉕

Subhuti! One can't see anything if he is in the dark night even though he is keen-eyed. It is the same with a bodhi-sattva. A

㉑
수보리~ 장로님~ 보살들은 모든중생
이롭게~ 하기위해 보시하는 것입니다.

㉒
보시하되 보시했다 생각하면 아니되고
모든중생 위하였다 생각하면 안됩니다.

㉓
수보리~ 장로님~ 여래는~ 당연히~
참된말과 바른말과 옳은말만 말합니다.
속이는말 아니하고 헛된말을 안합니다.

㉔
수보리~ 장로님~ 여래는~ 부처님법
깨닫고도 깨달았다 생각하지 아니하고,
생각하지 않는다는 생각조차 않습니다.

㉕
수보리~ 장로님~ 눈이밝은 사람들도

bodhi-sattva can't truly cultivate virtue if he is bound up with anything even though he donates.

㉖

Subhuti! To see everything, one should be in the light day even though he is keen-eyed. It is the same with a bodhi-sattva. To truly cultivate virtue, a bodhi-sattva should not be bound up with anything even though he donates.

㉗

Subhuti! I know and see him with Buddha's wisdom: The virtue of one, who accepts, recites, and preaches the Sutra to others, will be immeasurable and illimitable.

어두운~ 밤중에는 아무것도 볼수없듯
보시하는 보살들도 걸려있는 마음으론
제대로~ 복덕들을 지을수가 없습니다.
㉖

수보리~ 장로님~ 눈이밝은 사람들도
빛이있는 낮이라야 여러모습 볼수있듯
보시하는 보살들도 마음이~ 안걸려야
참으로~ 복덕들을 지을수가 있습니다.
㉗

수보리~ 장로님~ 부처님의 지혜로써
여래는~ 모두알고 모두보고 있습니다.
이법문을 받아지녀 독송하며 전해주는
선남자와 선여인이 짓게되는 복덕들은
헤아릴수 없을만큼 한량없이 많습니다.

15. The Virtue of Accepting the Sutra

①

Subhuti! The virtue of one, who believes and does not reject the Sutra, is great;
Far greater than the virtue of those who sacrifice their own body as many times as there are grains of sand along the Ganga; every day in the morning, daytime, and evening; for hundreds of thousands of millions of billions of kalpas.

②

There is no need to speak of the virtue of one who writes, accepts, recites, and preaches the Sutra to others.

③

Subhuti! The virtue of the Sutra is inconceivable and incomparable.

④

I preach the Sutra to the people on the great vehicle or to the people on the supreme ve-

15장 금강경을 받아 지니는 공덕

①

수보리~ 장로님~ 백천만억 겁동안을
매일매일 아침에도 한낮에도 저녁에도
강가강의 모래만큼 여러차례 자기몸을
보시하는 사람들이 짓게되는 복보다도
이법문을 듣고서~ 비방않는 사람들이
짓게되는 복덕들이 훨씬더~ 많습니다.

②

하물며~ 이법문을 사경하고 받아지녀
독송하고 널리널리 전해주는 복덕이랴!

③

수보리~ 장로님~ 이법문의 복덕들은
헤아릴수 없을만큼 한량없이 많습니다.

④

이법문은 대승의길 가는사람 위하여서

hicle.

⑤

I know and see all of them who accept,
recite, and preach the Sutra to others: The
virtue of them is inconceivable, immeasur-
able, illimitable, and incomparable.

⑥

They will attain the Utmost Right Enlight-
enment.

⑦

Subhuti! One, who has inferior resolution
and thinks ego-centrically· human-cen-
trically· sattva-centrically· life-centrically,
can't accept, nor recite, nor preach the Sutra
to others.

⑧

Subhuti! Gods· humans· and asuras of all
realms will donate to the place like the

최상승길 가는사람 위하여서 설합니다.
⑤

이법문을 받아지녀 독송하며 설해주면
여래는~ 모두알고 모두보고 있습니다.
이런사람 짓는복은 끝도없이 많습니다.
헤아릴수 없을만큼 한량없이 많습니다.
⑥

최고바른 깨달음을 이루게될 것입니다.
⑦

수보리~ 장로님~ 수보리~ 장로님~
믿는마음 부족하여 자기중심 인간중심
중생중심 생명중심 생각하는 사람들은
이법문을 받아지녀 독송하지 못합니다.
널리널리 설법하여 전해주지 못합니다.
⑧

수보리~ 장로님~ 이법문이 있는곳은

shrine of Buddha wherever there is the Sutra. The place will be venerated, rounded and dedicated with flowers and incense.

16. *Purificating even* the Bad Karma of Past Lives

①

Subhuti! There can be one who is humiliated even though he accepts, recites and preaches the Sutra to others. Through the sufferings of humiliation in this very life, the sins of his past lives, which might lead him to the evil realms in the next life, will be eliminated, allowing him to attain the Utmost Right Enlightenment.

②

Subhuti! I had donated to 84,000 times of millions of billions of trillions of Buddhas

온세상의 하느님과 사람들과 아수라가
부처님의 탑에하듯 공양올릴 것입니다.
예경하며 꽃과향을 올리게될 것입니다.

16장 전생 죄업까지도 씻어냄

①

수보리~ 장로님~ 이법문을 받아지녀
독송하며 널리널리 전하여~ 주면서도
천대받는 선남자와 선여인이 있습니다.
이들은~ 전생지은 죄업으로 인하여서
다음생에 삼악도에 떨어질~ 사람인데
이생에서 남들에게 약간천대 받음으로
전생죄업 소멸하고 깨달음을 이룹니다.

②

수보리~ 장로님~ 수보리~ 장로님~
여래가~ 과거연등 부처님을 모시기전,

for hundreds of thousands of millions of billions of asamkhyas of kalpas very sincerely before I was with Buddha Dipankara.

③

But my virtue is less than one hundredth, less than one thousandth, less than one millionth, or less than one billionth of the virtue of one who accepts, recites, and preaches the Sutra to others in the age of decline of the Dharma. The latter virtue is beyond any comparison.

④

Subhuti! My listeners may become disturbed or suspicious if I fully describe the virtue of one who accepts, recites, and preaches the Sutra to others in the age of decline of the Dharma.

여래는~ 백천만억 아승기겁 동안에~
팔만사천 만억나유 부처님을 친견하며
빠짐없이 정성다해 섬겼던일 있습니다.

③

그렇지만 말법세상 이법문을 받아지녀
독송하고 전해주며 짓는복에 비교하면
여래가~ 그모든~ 부처님께 공양하고
예경하여 지은복은 백분의일 천분의일
만억분의 일에조차 미치지~ 못합니다.
숫자로는 비교조차 할수가~ 없습니다.

④

수보리~ 장로님~ 수보리~ 장로님~
말법세상 이법문을 받아지녀 독송하며
널리널리 전해주는 선남자와 선여인이
짓게되는 복덕들을 여래가~ 다말하면

⑤

Subhuti! The virtue of the Sutra is inconceivable. Therefore the karma result of the Sutra is also inconceivable.

17. Free from the Egocentric Thought

①

Buddha! How should a bodhi-pursuer vow, practice, and control his own mind?

②

Subhuti! A bodhi-pursuer should vow the following in mind: 'I will lead all sattvas to Nirvana.'

사람들은 믿지않고 혼란해할 것입니다.
⑤
수보리~ 장로님~ 이법문의 복덕들은
헤아릴수 없을만큼 한량없이 많습니다.
이에따라 생겨나는 이법문의 과보역시
헤아릴수 없을만큼 한량없이 많습니다.

17장 자기중심적 생각에서 완전히 벗어남
①
거룩하신 부처님~ 거룩하신 부처님~
보살의길 가려하는 선남자와 선여인은
어떻게~ 발원하고 어떻게~ 수행하며
어떻게~ 자기마음 다스려야 하옵니까?
②
수보리~ 장로님~ 수보리~ 장로님~
보살의길 가려하는 선남자와 선여인은

③

Thereafter he should lead all sattvas to Nirvana, and should be free from the thought (that) 'I have led sattvas to Nirvana.'

④

Subhuti! A bodhi-sattva, who thinks ego-centrically· human-centrically· sattva-centrically· life-centrically, can't be said to be a true bodhi-sattva.

⑤

Subhuti! To be said to truly go on the way of bodhi-sattva, he should never think so.

⑥

Subhuti! What do you think? Did I think (that) 'I shall attain the Utmost Right Enlightenment in the next life' when I was with Buddha Dipankara?

'일체중생 열반으로 내가모두 제도한다'
이와같은 큰발원을 해야하는 것입니다.

③

이리하여 일체중생 열반으로 제도하되
중생제도 하였다고 생각하면 안됩니다.

④

수보리~ 장로님~ 자기중심 인간중심
중생중심 생명중심 생각하는 보살들은
참~된~ 보살이라 말할수가 없습니다.

⑤

수보리~ 장로님~ 그런생각 아니해야
참으로~ 보살의길 가고있는 것입니다.

⑥

수보리~ 장로님~ 어찌생각 하십니까?
과거연등 부처님을 모시고~ 있을때에
'다음생에 최고바른 깨달음을 이룰거라'

⑦

No indeed, Buddha! To my understanding, you did not think (that) 'I shall attain the Utmost Right Enlightenment in the next life' when you were with Buddha Dipankara.

⑧

Right, Subhuti! You are absolutely right! I never thought (that) 'I shall attain the Utmost Right Enlightenment in the next life.'

⑨

Subhuti! Buddha Dipankara would not have given me the prediction (that) "You will become Buddha Shakyamuni in the next life" if I had thought (that) 'I shall attain the Utmost Right Enlightenment in the

여래가~ 생각했다 말할수가 있습니까?

⑦

아닙니다 부처님~ 그리생각 않습니다.
제가지금 부처님의 말씀이해 하기로는
과거연등 부처님을 모시고~ 계실때에
'다음생에 최고바른 깨달음을 이룰거라'
부처님은 그렇게~ 생각않으 셨습니다.

⑧

수보리~ 장로님~ 참으로~ 옳습니다.
'다음생에 최고바른 깨달음을 이룰거라'
여래는~ 그렇게~ 생각아니 했습니다.

⑨

수보리~ 장로님~ 수보리~ 장로님~
'다음생에 최고바른 깨달음을 이룰거라'
여래가~ 그렇게~ 생각을~ 했더라면

next life.'

⑩

Buddha Dipankara gave me the prediction (that) "You will become Buddha Shakya-muni in the next life" because I never thought (that) 'I shall attain the Utmost Right Enlightenment in the next life.'

⑪

Subhuti! A Buddha is one who is perfectly free from anything.

⑫

Subhuti! One, who says (that) I think (that) 'I have attained the Utmost Right Enlight-enment', slanders me by being bound up

과거연등 부처님이 여래에게 그당시에
"다음생에 석가모니 부처가될 것입니다"
이러한~ 수기를~ 안주셨을 것입니다.

⑩

'다음생에 최고바른 깨달음을 이룰거라'
여래가~ 그렇게~ 생각하지 않았기에
과거연등 부처님이 여래에게 그당시에
"다음생에 석가모니 부처가될 것입니다"
이러한~ 수기를~ 주시었던 것입니다.

⑪

수보리~ 장로님~ 부처라고 하는말은
모든것에 대하여서 여여하다 뜻입니다.

⑫

수보리~ 장로님~ 수보리~ 장로님~
'최고바른 깨달음을 온전하게 이루었다'
여래가~ 이런생각 한다하는 사람들은

with what is not there.

⑬

Subhuti! I am perfectly free from the thought (that) 'I have attained the Utmost Right Enlightenment.'

⑭

Subhuti! I have truly attained the Utmost Right Enlightenment or the Buddha Dharma because I have attained the Utmost Right Enlightenment, am free from the thought (that) 'I have attained the Utmost Right Enlightenment', and also free from the thought (that) 'I am free.'

⑮

Subhuti! To truly realize all Dharmas, one should realize them and should be free from the thought (that) 'I have realized all Dharmas.'

여래를~ 근거없이 비방하는 것입니다.

⑬

수보리~ 장로님~ 수보리~ 장로님~

'최고바른 깨달음을 온전하게 이루었다'

여래는~ 이런생각 조금도~ 않습니다.

⑭

수보리~ 장로님~ 여래는~ 깨달음을

이루고도 이루었다 생각하지 아니하고,

생각하지 않는다는 생각조차 아니하여

모든법을 깨달았다 말할수가 있습니다.

부처님법 깨달았다 말할수가 있습니다.

⑮

수보리~ 장로님~ 일체모든 법들을~

깨닫고도 깨달았다 생각하지 아니해야

참으로~ 깨달았다 말할수가 있습니다.

(16)

Subhuti! How about a great man.

(17)

Buddha! To be truly great, one should be great and should be free from the thought (that) 'I am great.'

(18)

Subhuti! It is the same with a bodhi-sattva. A bodhi-sattva, who thinks (that) 'I have led sattvas to Nirvana', can't be said to be a true bodhi-sattva.

(19)

Subhuti! What do you think? Does a bodhi-sattva think (that) 'I am a bodhi-sattva'?

⑯

수보리~ 장로님~ 수보리~ 장로님~

존귀함에 대하여서 말씀하여 보십시오.

⑰

거룩하신 부처님~ 거룩하신 부처님~

존귀하되 존귀하다 생각하지 아니해야

참으로~ 존귀하다 말할수가 있습니다.

⑱

수보리~ 장로님~ 보살들도 같습니다.

중생제도 하였다고 말을하는 보살들은

참~된~ 보살이라 말할수가 없습니다.

⑲

수보리~ 장로님~ 어찌생각 하십니까?

'나는이제 보살경지 온전하게 이루었다'

보살이~ 이런생각 한다할수 있습니까?

㉘

No indeed, Buddha! To be a true bodhi-sattva, he should be free from the thought.

㉑

Subhuti! To have truly led sattvas to Nirvana, one should lead them to Nirvana and should be free from the thought (that) 'I have led sattvas to Nirvana.'

㉒

A bodhi-sattva should never think ego-centrically· human-centrically· sattva-centrically· life-centrically.

㉓

Subhuti! A bodhi-sattva, who says (that) 'I have adorned the world', can't be said to be a true bodhi-sattva.

㉔

To have truly adorned the world, one should adorn the world and should be free

㉠

아닙니다 부처님~ 그런생각 아니해야
참~된~ 보살이라 말할수가 있습니다.

㉑

수보리~ 장로님~ 중생제도 하고서도
중생제도 하였다고 생각하지 아니해야
참으로~ 제도했다 말할수가 있습니다.

㉒

어떠한~ 경우라도 자기중심 인간중심
중생중심 생명중심 생각하면 안됩니다.

㉓

수보리~ 장로님~ 수보리~ 장로님~
불국토를 장엄했다 말을하는 보살들은
참~된~ 보살이라 말할수가 없습니다.

㉔

불국토를 장엄하되 장엄했다 아니해야

from the thought (that) 'I have adorned the world.'

㉕

Subhuti! To be a true bodhi-sattva, one should never think ego-centrically.

18. Seeing Everything as they are

①

Subhuti! What do you think? Do I have the physical eye?

②

Yes indeed, Buddha! You have the physical eye.

③

Subhuti! What do you think? Do I have the divine eye?

참으로~ 장엄했다 말할수가 있습니다.

㉕

수보리~ 장로님~ 수보리~ 장로님~

자기중심 생각들을 조금도~ 아니해야

참~된~ 보살이라 말할수가 있습니다.

18장 빠짐없이 두루 관찰함

①

수보리~ 장로님~ 어찌생각 하십니까?

여래는~ 육신의눈 가지고~ 있습니까?

②

거룩하신 부처님~ 가지고~ 계십니다.

부처님은 육신의눈 가지고~ 계십니다.

③

수보리~ 장로님~ 어찌생각 하십니까?

여래는~ 하늘의눈 가지고~ 있습니까?

④

Yes indeed, Buddha! You have the divine eye.

⑤

Subhuti! What do you think? Do I have the wisdom eye?

⑥

Yes indeed, Buddha! You have the wisdom eye.

⑦

Subhuti! What do you think? Do I have the Dharma eye?

⑧

Yes indeed, Buddha! You have the Dharma eye.

④

거룩하신 부처님~ 가지고~ 계십니다.

부처님은 하늘의눈 가지고~ 계십니다.

⑤

수보리~ 장로님~ 어찌생각 하십니까?

여래는~ 지혜의눈 가지고~ 있습니까?

⑥

거룩하신 부처님~ 가지고~ 계십니다.

부처님은 지혜의눈 가지고~ 계십니다.

⑦

수보리~ 장로님~ 어찌생각 하십니까?

여래는~ 법의눈을 가지고~ 있습니까?

⑧

거룩하신 부처님~ 가지고~ 계십니다.

부처님은 법의눈을 가지고~ 계십니다.

⑨

Subhuti! What do you think? Do I have the Buddha eye?

⑩

Yes indeed, Buddha! You have the Buddha eye.

⑪

Subhuti! What do you think? Did I use the phrase 'grains of sand along the Ganga'?

⑫

Yes indeed, Buddha! You used the phrase 'grains of sand along the Ganga'.

⑬

Subhuti! What do you think? Are the worlds many if there are as many Ganga rivers as there are grains of sand along the

⑨

수보리~ 장로님~ 어찌생각 하십니까?

여래는~ 부처의눈 가지고~ 있습니까?

⑩

거룩하신 부처님~ 가지고~ 계십니다.

부처님은 부처의눈 가지고~ 계십니다.

⑪

수보리~ 장로님~ 어찌생각 하십니까?

'강가강에 있는모든 모래알과 같은수~'

여래가~ 이런말을 했던적이 있습니까?

⑫

거룩하신 부처님~ 하신적이 있습니다.

부처님은 그런말씀 하신적이 있습니다.

⑬

수보리~ 장로님~ 어찌생각 하십니까?

강가강에 있는모든 모래알과 같은수의

Ganga and if there are as many worlds as there are grains of sand along those Ganga rivers?

⑭

Many indeed, Buddha!

⑮

Subhuti! I know all thoughts of all sattvas in the worlds.

⑯

To truly know their thoughts, one should know their thought and should not think (that) 'Their thoughts are real.'

⑰

Subhuti! One should neither be bound up with the past thoughts, the future thoughts, nor the present thoughts as well.

강가강의 모래수의 세계들은 많습니까?

⑭

많습니다 부처님~ 매우매우 많습니다.

⑮

수보리~ 장로님~ 그모든~ 세계안의

모든중생 모든마음 여래는~ 다압니다.

⑯

마음들을 알면서도 실체라고 아니해야

참으로~ 안다고~ 말할수가 있습니다.

⑰

수보리~ 장로님~ 수보리~ 장로님~

과거의~ 마음에도 걸리면~ 아니되고

미래의~ 마음에도 걸리면~ 아니되며

현재의~ 마음에도 걸리면~ 안됩니다.

19. Free from the Cultivating Virtue

①

Subhuti! What do you think? Does it make one cultivate great virtue that he donates the most valuable treasures equal to one billion worlds?

②

Great virtue indeed, Buddha! It makes him cultivate very great virtue

③

Subhuti! One, who thinks (that) 'I have cultivated virtue', can't be said to truly cultivate virtue.

④

To truly cultivate great virtue, one should cultivate it and should be free from the thought (that) 'I have cultivated virtue.'

19장 복덕에 걸리지 않음

①

수보리~ 장로님~ 어찌생각 하십니까?

삼천대천 세계만큼 금은보화 보시하는

사람들이 짓게되는 복덕들은 많습니까?

②

많습니다 부처님~ 매우매우 많습니다.

③

수보리~ 장로님~ 수보리~ 장로님~

많은복을 짓더라도 지었다고 생각하면

제대로~ 지었다고 말할수가 없습니다.

④

복짓고도 지었다고 생각하지 아니해야

참으로~ 지었다고 말할수가 있습니다.

20. Free from the Appearances and Characteristics of Buddha

①

Subhuti! What do you think? Does it make one a Buddha that he has acquired all the supernatural appearances?

②

No indeed, Buddha! It does not necessarily make him a Buddha.

③

To have truly acquired all the supernatural appearances, one should acquire them and should be free from the thought (that) 'I have acquired all the supernatural appearances.'

④

Subhuti! What do you think? Does it make one a Buddha that he has acquired all the supernatural characteristics?

20장 모습에 걸리지 않음

①

수보리~ 장로님~ 어찌생각 하십니까?

부처님의 거룩한~ 형상들을 다갖추면

부처라고 말할수가 있다생각 하십니까?

②

아닙니다 부처님~ 부처형상 갖췄다고

반드시~ 부처라고 말할수는 없습니다.

③

부처형상 갖추고도 갖추었다 아니해야

참으로~ 갖추었다 말할수가 있습니다.

④

수보리~ 장로님~ 어찌생각 하십니까?

부처님의 거룩한~ 상호들을 다갖추면

부처라고 말할수가 있다생각 하십니까?

No indeed, Buddha! It does not necessarily make him a Buddha.

⑥

To have truly acquired all the supernatural characteristics, one should acquire them and should be free from the thought (that) 'I have acquired all the supernatural characteristics.'

21. Free from the Preaching

①

Subhuti! What do you think? Do I think (that) 'I preached the Dharma'?

②

No indeed, Buddha!

③

Subhuti! One slanders me by being bound up with what is not there if he says (that) I

⑤

아닙니다 부처님~ 부처상호 갖췄다고
반드시~ 부처라고 말할수는 없습니다.

⑥

부처상호 갖추고도 갖추었다 아니해야
참으로~ 갖추었다 말할수가 있습니다.

21장 설법에 걸리지 않음

①

수보리~ 장로님~ 어찌생각 하십니까?
'부처님의 거룩한법 널리전해 주었다고'
여래가~ 생각한다 말할수가 있습니까?

②

아닙니다 부처님~ 그리생각 않습니다.

③

수보리~ 장로님~ 참으로~ 옳습니다.
'부처님의 거룩한법 널리전해 주었다고'

think (that) 'I preached the Dharma.'

④

Subhuti! To truly preach the Dharma, one should preach it and should be free from the thought (that) 'I preached the Dharma.'

⑤

Buddha! Will there be any sattvas who believe in the Dharma in the future?

⑥

Subhuti! You should see those sattvas who do not believe in the Sutra and should be free from the thought (that) 'They are sattvas who do not believe in the Sutra.'

⑦

Subhuti! To truly see sattvas, you should see them and should be free from the

여래가~ 생각한다 말을하는 사람들은
여래를~ 근거없이 비방하는 것입니다.
④
수보리~ 장로님~ 부처님의 법을널리
전하고도 전하였다 생각하지 아니해야
참으로~ 전하였다 말할수가 있습니다.
⑤
거룩하신 부처님~ 거룩하신 부처님~
미래에도 이법문을 믿을중생 있습니까?
⑥
수보리~ 장로님~ 수보리~ 장로님~
이법문을 아니믿는 중생들을 보면서도
아니믿는 중생이라 생각하면 안됩니다.
⑦
수보리~ 장로님~ 중생들을 보면서도
중생들을 실체라고 생각하지 아니해야

thought (that) 'They are sattvas.'

22. Free from the Enlightenment

①

Subhuti! What do you think? Do I think (that) 'I have attained the Utmost Right Enlightenment'?

②

No indeed, Buddha! You are perfectly free from the thought (that) 'I have attained the Utmost Right Enlightenment.'

③

Right, Subhuti! You are absolutely right. I can be said to have truly attained the Utmost Right Enlightenment because I am perfectly free from the thought (that) 'I have attained the Utmost Right Enlightenment.'

참으로~ 본다고~ 말할수가 있습니다.

22장 깨달음에 걸리지 않음

①

수보리~ 장로님~ 어찌생각 하십니까?
'최고바른 깨달음을 온전하게 이루었다'
여래가~ 이런생각 한다할수 있습니까?

②

아닙니다 부처님~ 그리생각 않습니다.
'최고바른 깨달음을 온전하게 이루었다'
부처님은 그런생각 조금도~ 않습니다.

③

수보리~ 장로님~ 참으로~ 옳습니다.
'최고바른 깨달음을 온전하게 이루었다'
여래는~ 이런생각 조금도~ 아니해서
참으로~ 이루었다 말할수가 있습니다.

23. Observing the Dharmas with Pure Mind

①

Subhuti! To truly attain the Utmost Right Enlightenment, one should think all sattvas equally and should not discriminate them.

②

To truly attain the Utmost Right Enlightenment, one should observe all Dharmas well and should not think ego-centrically· human-centrically· sattva-centrically· life-centrically.

③

Subhuti! To truly observe all Dharmas well, one should observe them well and should be free from the thought (that) 'I have observed all Dharmas well.'

23장 깨끗한 마음으로 법을 잘 닦음

①

수보리~ 장로님~ 수보리~ 장로님~

차별하지 아니하고 평등하게 생각해야

최고바른 깨달음을 이룰수가 있습니다.

②

수보리~ 장로님~ 자기중심 인간중심

중생중심 생명중심 생각하지 아니하고

일체모든 법들을~ 온전하게 닦았어야

최고바른 깨달음을 이룰수가 있습니다.

③

수보리~ 장로님~ 수보리~ 장로님~

법들을잘 닦았어도 닦았다고 아니해야

참으로~ 닦았다고 말할수가 있습니다.

24. The Incomparable Virtue

①

Subhuti! The virtue of one who donates the most valuable treasures equal to all Sumeru mountains, all the highest mountains in one billion worlds is very great; But less than one hundredth, less than one thousandth, less than one millionth, or less than one billionth of the virtue of one who accepts, recites, and preaches just one four-line stanza in the Sutra to others. Any comparison is impossible.

25. Free from the Liberating Sattvas

①

Subhuti! What do you think? Do I think (that) 'I have liberated sattvas'? Subhuti! Do not think so. I am perfectly free from the thought (that) 'I have liberated sattvas.'

24장 비교할 수 없이 큰 복덕

①

수보리~ 장로님~ 삼천대천 세계안의

가장큰산 수미산을 전부합친 것만큼의

금은보화 보시하는 사람들이 짓는복은

이법문의 사구게를 하나라도 받아지녀

독송하며 널리널리 전해주는 사람들이

짓는복에 비교하면 백분의일 천분의일

만억분의 일에조차 미치지~ 못합니다.

숫자로는 비교조차 할수가~ 없습니다.

25장 중생해탈에 걸리지 않음

①

수보리~ 장로님~ 어찌생각 하십니까?

'중생해탈 시켰다고 여래가~ 생각한다'

이렇게~ 말할수가 있다생각 하십니까?

②

I can be said to think ego-centrically· human-centrically· sattva-centrically· life-centrically if I think (that) 'I have liberated sattvas.'

③

Subhuti! You should see egocentric thoughts and should be free from the thought (that) 'They think egocentrically.' Only a layman thinks (that) 'They think egocentrically.'

④

Subhuti! To truly see laymen, one should see them and and should be free from the thought (that) 'They are laymen.'

수보리~ 장로님~ 그리생각 마십시오.
여래는~ 그런생각 조금도~ 않습니다.

②

중생해탈 시켰다고 여래가~ 생각하면
여래도~ 자기중심 인간중심 중생중심
생명중심 생각들을 하고있는 것입니다.

③

수보리~ 장로님~ 자기중심 생각보되
그생각을 실체라고 생각하면 안됩니다.
범부들만 그렇게~ 생각하는 것입니다.

④

수보리~ 장로님~ 범부들을 보면서도
범부들을 실체라고 생각하지 아니해야
참으로~ 본다고~ 말할수가 있습니다.

26. Free from the Dharma-Body

①

Subhuti! What do you think? Does it make one a Buddha that he has acquired all the supernatural characteristics?

②

No indeed, Buddha! It does not necessarily make him a Buddha.

③

Right, Subhuti! You are absolutely right. It does not necessarily make him a Buddha.

④

All cakravartins would be a Buddha if it necessarily made him a Buddha.

26장 법신에도 걸리지 않음

①

수보리~ 장로님~ 어찌생각 하십니까?

부처님의 거룩한~ 상호들을 다갖추면

부처라고 말할수가 있다생각 하십니까?

②

아닙니다 부처님~ 부처상호 갖췄다고

반드시~ 부처라고 말할수는 없습니다.

③

수보리~ 장로님~ 참으로~ 옳습니다.

장로님의 말씀대로 부처상호 갖췄다고

반드시~ 부처라고 말할수는 없습니다.

④

부처상호 갖췄다고 부처라고 말한다면

전륜왕도 부처라고 하여야할 것입니다.

⑤

Buddha! I understand more clearly the Buddha's preaching (that) it does not necessarily make him a Buddha.

⑥

At that time, the Buddha chanted the stanzas:

If you seek a Buddha by his appearance,
or by his voice,
you can't find a Buddha
because you are on the wrong way.

⑦

You should search for a Buddha by the Dharma.
A Buddha shows himself as Dharma-body.
You can't find a Buddha forever if you search for a Buddha with your eight consciousnesses.

⑤

거룩하신 부처님~ '부처상호 갖췄다고
반드시~ 부처라고 말할수는 없다라는'
부처님의 말씀더잘 이해하게 됐습니다.

⑥

이때에~ 부처님이 게송부르 셨습니다.

형상으로 부처님을 보려하거나
음성으로 부처님을 찾으려하면
옳지않은 길을가고 있기때문에
부처님을 만나뵐수 없게됩니다.

⑦

부처님은 법성으로 봐야합니다.
부처님은 법신으로 나타납니다.
부처님을 인식으로 찾으려하면
부처님을 찾을수가 없게됩니다.

27. Beyond the Discontinuation

①

Subhuti! What do you think? Does it make me attain the Utmost Right Enlightenment that I have acquired all the supernatural characteristics?

②

Subhuti! Do not think so. It does not necessarily make me attain the Utmost Right Enlightenment.

③

Subhuti! You should not think (that) a bodhi-pursuer can be thoughtless.

27장 단절과 소멸을 초월함

①

수보리~ 장로님~ 어찌생각 하십니까?

'여래는~ 부처상호 다갖추고 있으니까

최고바른 깨달음을 온전하게 이루었다'

그렇게~ 말할수가 있다생각 하십니까?

②

수보리~ 장로님~ 그리생각 마십시오.

'여래는~ 부처상호 다갖추고 있으니까

최고바른 깨달음을 온전하게 이루었다'

누구도~ 그렇게~ 말할수가 없습니다.

③

수보리~ 장로님~ 수보리~ 장로님~

보살의길 가고있는 사람들도 생각들이

끊어지고 없어질수 있다생각 마십시오.

④

A bodhi-pursuer can't be thoughtless.

28. Free from the Reward

①

Subhuti! The virtue of a bodhi-sattva who does not think egocentrically is great; Far greater than the virtue of one who donates the most valuable treasures equal to as many worlds as there are grains of sand along the Ganga.

②

Subhuti! To be a true bodhi-sattva, one should not think (that) 'I should be rewarded for my virtue.'

③

Buddha! What does it mean not to think (that) 'I should be rewarded for my virtue'?

④
보살의길 가고있는 사람들은 생각들이
끊어지지 아니하고 없어지지 않습니다.

28장 보답에 걸리지 않음
①
수보리~ 장로님~ 수보리~ 장로님~
강가강의 모래수와 같은세계 채울만큼
금은보화 보시하는 사람짓는 복보다도
자기중심 생각에서 완전하게 벗어나신
보살들이 짓는복이 훨씬더~ 많습니다.
②
수보리~ 장로님~ 참~된~ 보살들은
지은복을 누리려고 생각하지 않습니다.
③
거룩하신 부처님~ 어떻게~ 하는것이
지은복을 누리려고 생각않는 것입니까?

④

Subhuti! To truly not think (that) 'I should be rewarded for my virtue', one should cultivate virtue and should be free from the thought (that) 'I have cultivated virtue.'

29. Dignity of Tranquil Serenity

①

Subhuti! One, who says (that) the Tathagata thinks (that) 'I have come. I have gone. I have stood still. I have sat down. or I have lain', can't be said to truly understand my teaching.

②

To be a true Tathagata, one should not be bound up with either whence or whither.

④
수보리~ 장로님~ 수보리~ 장로님~
복짓고도 지었다고 생각하지 아니해야
지은복을 누리려고 생각않는 것입니다.

29장 고요하고 평화로운 부처님 모습
①
수보리~ 장로님~ 수보리~ 장로님~
"부처님은 스스로~ '와서있다 가서있다
멈춰있다 앉아있다 누워있다' 생각한다"
이런말을 하는사람 여래가~ 하는말을
제대로~ 이해한다 말할수가 없습니다.
②
와있다는 생각에도 걸리지~ 아니하고
가있다는 생각에도 걸리지~ 아니해야
참~된~ 부처라고 말할수가 있습니다.

30. Free from All Objects

①

Subhuti! What do you think, are the particles of dust many if one grinds one billion worlds into particles of dust?

②

Many indeed, Buddha! But I can't be said to truly see them if I thinks (that) 'The particles of dust are real.'

③

To truly see the particles of dust, one should see them and should not think (that) 'The particles of dust are real.'

④

Buddha! To truly see one billion worlds, one should see them and should not think (that) 'The worlds are real.'

30장 대상에 걸리지 않음

①

수보리~ 장로님~ 선남자와 선여인이
삼천대천 세계부숴 티끌로~ 만든다면
어찌생각 하십니까 티끌수는 많습니까?

②

많습니다 부처님~ 그렇지만 말씀하신
티끌들을 보더라도 실체라고 생각하면
제대로~ 본다고~ 말할수가 없습니다.

③

티끌들을 보면서도 실체라고 아니봐야
참으로~ 본다고~ 말할수가 있습니다.

④

거룩하신 부처님~ 거룩하신 부처님~
삼천대천 세계보되 실체라고 아니봐야
참으로~ 본다고~ 말할수가 있습니다.

⑤

One can be said to be bound up with the assembly of worlds if he thinks (that) 'The worlds are real.'

⑥

To truly see the assembly of worlds, one should see it and should not think (that) 'The assembly of worlds is real.'

⑦

Subhuti! Do not think (that) 'The assembly of worlds is real.' Only a layman thinks (that) 'The assembly of worlds is real.'

31. Free from the Understanding

①

Subhuti! What do you think? Can one be said to tell the truth if he says (that) I think (that) 'I preached against egocentric· human-centric· sattva-centric· life-centric prej-

⑤

삼천대천 세계들을 실체라고 생각하면
일합상에 걸려있다 말할수가 있습니다.

⑥

일합상을 보면서도 실체라고 아니봐야
참으로~ 본다고~ 말할수가 있습니다.

⑦

수보리~ 장로님~ 수보리~ 장로님~
일합상을 실체라고 생각하면 안됩니다.
범부들만 그렇게~ 생각하는 것입니다.

31장 지견을 내지 않음

①

수보리~ 장로님~ 자기중심 인간중심
중생중심 생명중심 편견에서 벗어나라
설법하여 주었다고 여래가~ 생각한다

udices'?

②

No indeed, Buddha! He can't be said to tell
the truth.

③

You can be said to truly preach against
egocentric· human-centric· sattva-cen-
tric· life-centric prejudices because you
preached against them and are free from
the thought (that) 'I preached against
egocentric· human-centric· sattva-centric·
life-centric prejudices.'

④

Subhuti! A bodhi-pursuer should know
and see, believe and understand everything
as it is.

A bodhi-pursuer should not be bound up
even with the dharma-centric thoughts.

이런말을 하는사람 어찌생각 하십니까?
옳은말을 하고있다 말할수가 있습니까?

②

아닙니다 부처님~ 그리생각 않습니다.
옳은말을 하고있다 말할수가 없습니다.

③

자기중심 인간중심 중생중심 생명중심
편견에서 벗어나라 부처님은 설법하되
설법하여 주었다고 생각하지 아니하여
참으로~ 설법했다 말할수가 있습니다.

④

수보리~ 장로님~ 수보리~ 장로님~
참으로~ 보살의길 가려하는 사람들은
모든것을 있는대로 온전하게 알고보며
있는대로 믿고이해 해야하는 것입니다.
법중심~ 생각에도 걸리면~ 안됩니다.

Subhuti! To truly see the dharma-centric thoughts, one should see them and should not think (that) 'The dharma-centric thoughts are real.'

32. Everything will Pass Away

①

Subhuti! The virtue of one who accepts, recites, and preaches just one four-line stanza in the Sutra to others is great; Far greater than the virtue of one who donates the most valuable treasures equal to immeasurable and incalculable worlds.

②

How should one preach the Dharma to others? To truly preach the Dharma, one should be free from the thought (that) 'I

수보리~ 장로님~ 수보리~ 장로님~

법중심~ 생각보되 실체라고 아니봐야

참으로~ 본다고~ 말할수가 있습니다.

32장 모든 것은 지나감

①

수보리~ 장로님~ 수보리~ 장로님~

헤아릴수 없이많은 무량세계 채울만큼

금은보화 보시하는 사람짓는 복보다도

이법문의 사구게를 하나라도 받아지녀

독송하며 널리널리 전해주는 사람들이

짓게되는 복덕들이 훨씬더~ 많습니다.

②

어떻게~ 전해줘야 하는지를 아십니까?

전하여~ 주었다고 생각하지 아니해야

preached the Dharma to others.'

③

Everything you perceive will pass away like a star, like an illusion, like a candle, like a mockshow, like a dew, like a bubble, like a dream, like a lightning, like a cloud.

You should think (that) everything will pass away.

④

When the Buddha finished the Sutra, all the gods· the humans· the asuras· and the gandharvas et al. from all realms, the bhikshus and bhikshunis, the pious laymen and laywomen, the bodhi-sattvas, and Venerable Subhuti as well were in great joy, accepted it and vowed to observe it well.

- the end of the Diamond Sutra by Cho -

참으로~ 전해줬다 말할수가 있습니다.
③
보고듣는 일체모든 삼라만상은
별허깨비 등불환영 이슬과거품
꿈과번개 구름처럼 지나갑니다.
모든것을 이와같이 봐야합니다.
④
부처님이 이법문을 모두모두 마치시니,
수보리~ 장로님과 남자스님 여자스님
남자신도 여자신도 보살님들 모든세상
하느님과 사람들과 아수라와 건달바가
부처님의 설법듣고 매우매우 기뻐하며
믿고지녀 받들어~ 행하기로 했습니다.

〈가사체 금강경 끝〉

편집후기

서울대학교 이장호 교수님의 권유로 '서양의 한계를 극복하고 동서양 통합 상담심리학을 세우기 위해' 이동식 선생님 교실에서 김종서, 이종익 선생님들과 금강경 공부를 시작하였습니다.

금강경을 독송하던 중, '근원도 알 수 없는, 저 자신의 저 깊고 깊은 곳에서 생명의 빛이 흘러나오는 것'을 발견했습니다. '저와 모든 생명이 함께 하는 빛, 생명의 빛'이 저의 깊은 곳에서 나오고 있었습니다. 내면의 빛뿐만 아니라, 날씨와는 무관하게 밖에서 불어오는 법풍(法風, 진리의 바람)도 저의 몸과 마음을 시원하게 해 주고 있습니다. 많은 분들의 은혜로 경전 출간까지 하게 되었습니다.

첫째, 무비스님께서는 '천진난만하시며(?), 대자대비에도 걸리지 않으시는, 살아계시는 대 성현의 모습'으로 참으로 자상한 가르침을 베풀어 주셨습니다. 공역자의 자리에까지 내려와 주셔서 황송하고 황망할 뿐입니다. 참으로 고맙습니다.

둘째, 20년 세월 동안 매주 원고를 교정해주고 가르쳐 주신

두 분 선배님(안형관 선배님과 강수균 선배님)을 비롯한 화화회 회원님들(강태진, 김정옥, 김정자 선생님)에게 고마운 마음을 전합니다. 화화회에서 같이 했던 수많은 회원님들에게도 깊은 감사를 드립니다. 불교에 관해서 참으로 해박한 지식을 가지고 계시면서 가려운 곳을 긁어주고 모자라는 곳을 채워준 김남경 교수님께도 심심한 감사를 드립니다.

셋째, 눈이 되어주고 귀가 되어주고 손발이 되어주신 보리행 박혜정 보살님, 수선행 이수진 보살, 해광 조재형 거사에게도 고마운 마음을 전합니다.

넷째, 출간을 허락해 준 도서출판 운주사 김시열 사장님과 임직원님들께도 감사를 드립니다. 출판과 관련하여 '필자의 이런 저런 까다로운 요구'를 다 견뎌주고 협조해 주셨습니다.

마지막으로, 불교계의 어려운 출판 사정을 고려하여 출판에 많은 도움을 주신 후원 회원님들께도 심심한 감사의 마음을 전합니다.

108후원회

1) 도일스님	11) 박혜정	21) 송불암	31) 세심화
2) 수보리스님	12) 조재형	22) 북대암	32) 정혜거사
3) 남봉연	13) 이수진	23) 이순랑	33) 고/대원화
4) 이진우	14) 조성흠	24) 김남경	34) 마가스님

108후원회원님들과 많은 후원회원님들의 회비로 수월하게 출간
할 수 있었습니다. 이 인연 공덕으로 부처님의 무량 복을 누리시
고, 속히 성불하옵소서. 후원회원님들을 위하여 매달 축원을 올리
겠습니다.

법보시 동참 계좌

신한은행 110-354-890749

조현춘(가사체금강경독송회)

이 통장으로 입금되는 보시금은 전액 '지정법당 · 군법당 · 병원법
당 · 교도소 등에의 법보시, 불교기관에의 보시'로만 사용합니다.
고맙습니다. 참으로 고맙습니다.

가사체 금강경 독송회

대심거사 조현춘 010-9512-5202 합장

● **무비無比 큰스님**(전 조계종 교육원장)은

부산 범어사에서 여환스님을 은사로 출가. 해인사 강원 졸업. 해인사·통도사 등 여러 선원에서 10여 년 동안 안거. 오대산 월정사에서 탄허스님을 모시고 경전을 공부한 후 '탄허스님의 법맥을 이은 대강백'으로 통도사·범어사 강주, 조계종 승가대학원·동국역경원 원장 역임. 지금은 범어사 화엄전에 주석하시면서 후학을 지도하며 많은 집 필활동과 더불어 전국 각지의 법회에서 불자들의 마음 문을 열어주고 있습니다. (다음 까페: 염화실)

● **대심大心거사 조현춘**(가사체 금강경 독송회)은

서울대학교 이장호 지도교수님의 권유로 '동서양 통합 상담심리학'을 세우기 위해 금강경 공부 시작. 30여년 교수 생활 중에 계속 '불교경전과 상담심리학'이라는 주제의 논문 발표. 한국동서정신과학회·법륜불자교수회·한국정서행동장애아 교육학회·대한문학치료학회 등의 회장 역임. 지금은 화엄경과 화이트헤드 연구회 회장, 한국교수불자연합회 자문위원으로 활동하고 있습니다.
(다음 까페: 가사체금강경)

THE DIAMOND SUTRA

초판 1쇄 발행 불기 2564(서기 2020)년 5월 20일
공역 Moovee & Cho 무비·조현춘 | 펴낸이 김시열
펴낸곳 UNJUSA 도서출판 운주사

　　　　서울시 성북구 동소문로 67-1 성심빌딩 3층

　　　　전화 (02) 926-8361 | 팩스 0505-115-8361

ISBN 978-89-5746-605-6 03220

값 6,000원